MA
CONFESSION

Iste pauper clamavit, et Dominus exaudivit eum, et de omnibus tribulationibus ejus salvavit eum.
Ps. XXXIII, v. 6.

Ce pauvre homme a crié vers Dieu, et Dieu l'a exaucé, et Dieu l'a délivré de toutes ses misères.

PARIS
TYPOGRAPHIE LACRAMPE ET COMPAGNIE
RUE DAMIETTE, 2.

1846

MA CONFESSION

MA
CONFESSION

Iste pauper clamavit, et Dominus exaudivit eum, et de omnibus tribulationibus ejus salvavit eum.
Ps. xxxiii. v. 6.

Ce pauvre homme a crié vers Dieu, et Dieu l'a exaucé, et Dieu l'a délivré de toutes ses misères.

PARIS
TYPOGRAPHIE LACRAMPE ET COMPAGNIE
RUE DAMIETTE, 2.

1846

AVANT-PROPOS

La poésie se juge moins par l'analyse que par le sentiment : il y a beaucoup de gens qui, lorsqu'ils entendent lire ou réciter des vers, ne s'appliquent pas à en suivre le fil et la pensée, mais à y chercher quelques mots à reprendre ; ils font ce qui s'appelle *la guerre aux mouches*, et oublient que *la lettre tue l'esprit* ; mais ils en tirent l'avantage de faire briller le leur, et c'est tout ce qu'ils y cherchent.

Je ne suis point *homme de lettres* ; ayant besoin, plus qu'un autre, de beaucoup d'indulgence, je ne m'adresse qu'au cœur, et n'écris point pour l'esprit.

ENVOI A M. ***.

Quand à votre amitié j'offre ce faible don,
Pour vous faire savoir de quoi je fus capable,
    D'un cœur contrit, l'époux coupable
    De Dieu seul attend son pardon ;
      Mais vous, plus que lui sage,
    Satisfait de cet avantage,
    Sans rigueur et sans passion,
      Ne jugeant que l'ouvrage,
Accordez à l'auteur votre absolution.

MA CONFESSION

PREMIÈRE PARTIE

LA PROFESSION.

Espoir des malheureux!... ô mort! nuit secourable!
   Repos sans fin!... profonde obscurité!...
A mes pleurs, à mes cris montre-toi favorable;
D'un coup tranche ma vie et mon adversité [1] :
Ah! connaît-on les maux qu'un instant peut éteindre?
Les connaît-on, ces maux qui me font t'implorer?...

Eh bien ! j'aurai la force de les peindre ;
J'en aurai le courage avant que d'expirer.

J'écarte avec mépris une vaine imposture,
Je ne veux ni noircir ni flatter mon tableau ;
Je ne présente ici que la vérité pure,
Comme on la doit à Dieu lorsqu'on entre au tombeau.

Quand, sur le sol français exerçant sa furie,
L'ennemi se vantait d'y prendre ses ébats,
Je cédai, comme un autre, au cri de la patrie,
Et passai mon printemps au milieu des combats [2].
   Blessé souvent dans la mêlée,
Je persistais toujours ;... mais ma main mutilée
M'affranchit pour jamais de ces sanglants débats [3].

   Ma liberté fut ma conquête ;
  Mais il fallait, pour en chômer la fête,
En consultant mon goût, décider mon état [4] :
J'embrassai le théâtre avec assez d'éclat

Pour en attendre une existence honnête.

Tous les vieux préjugés semblaient être abolis :
 A cette époque mémorable
 Tout succès était honorable ;
La gloire et la raison les avaient ennoblis.

Du peuple alors quelle était la méprise !
Foulant sous des lauriers sa liberté conquise,
Trop longtemps ébloui par sa prospérité,
Et marchant glorieux sous un joug détesté,
 Il vit, après une si longue crise,
  Le fanatisme et la sottise
Reprendre leur audace et leur autorité [5].

 Quand cette triste expérience
 Devait éteindre mon ardeur,
 M'appuyant sur ma conscience,
 J'étais glorieux d'être acteur ;...
Mais quand je vis, au bout de ma carrière,

Que des succès si longtemps prolongés
Ne pouvaient rien contre les préjugés,
Je pleurai de cet art le vide et la misère [6].

Cessons de m'occuper de ce pénible objet,
Qui de tant de douleurs fut le moindre sujet.

Laissons l'acteur vainement se débattre
　Pour se distinguer dans son art;
　Laissons-le vainement combattre
　Contre LE SOT qui veut l'abattre
　En le maintenant à l'écart
Des honneurs, dont jamais il n'obtiendra sa part [7].

　Fuyons la vaine jouissance
　D'une triste célébrité;
　Ne doit-on pas la préférence
　Aux douceurs de l'intimité?

Voyons comment un premier hyménée,

Peut-être contracté trop prématurément,
Tourna contre une destinée
Dont il aurait été le plus bel ornement.

MA CONFESSION

DEUXIÈME PARTIE

DIVORCE. — SECOND MARIAGE, ET LA SUITE.

De cette seconde peinture
Faut-il adoucir les couleurs?
Faut-il accuser la nature
Si ma faiblesse a causé mes malheurs?...
Ah!... bien plutôt accusons-nous nous-même!

Quand rien ne devait m'y forcer,
Avec UNE ANGE on me fit divorcer;
C'est ainsi que sur moi j'attirai l'anathème!...

Ce doux lien fut contracté
Un peu contre la volonté
D'une tante riche et hautaine
Qui, dévote sans charité,
Se faisait un plaisir d'exciter notre peine
En abusant de son autorité.

Mais ce qui révolta son âme
Et lui fit exiger la séparation,
Ce fut, en dépit de son blâme,
De me voir adopter une profession
Qu'un fanatisme absurde a déclarée infâme.

LE CONFESSEUR fut consulté :
C'était un prêtre *réfractaire*,
Le *boute-feu* des mécontents [3],

Qui, se vengeant sur moi des malheurs de ce temps,
Mêlait le ciel à cette affaire.

Un enfant pourtant existait ;...
Mais la dévote acariâtre
Avait horreur d'un *homme de théâtre ;*
Sa vanité s'en irritait ;
Elle aimait cette nièce et devint sa marâtre :
Sa haine la déshéritait
Si de cette union le nœud ne se brisait.

Nous tenant sous sa dépendance,
Entière dans sa volonté,
Qu'aurait produit ma résistance ?
A qui tient la fortune échoit l'autorité.

Bien neuf encore sur la scène,
De ce que me gardait la fortune lointaine
Je ne pouvais rien pressentir ;
Si, malgré mon courage et ma persévérance,

Le sort trompait mon espérance !
Si j'allais ne point réussir !
Au lieu d'être riche héritière,
Sa nièce aurait alors partagé ma misère ;...
Son tendre amour aurait tout supporté ;...
Mais on fut sourd à ses alarmes,
Sous un voile d'*humanité*
On me fit *un devoir* de repousser ses larmes.
Pour égarer mes pas tout semblait réuni ;...
Je cédai, par faiblesse, ET DIEU m'en a puni [9].

Quand, séparé de ma compagne,
De mes parents, de mes amis,
Je fus au fond de la Bretagne,
Longtemps avant d'être admis à Paris,
Dans l'avenir mettant ma confiance,
Quand j'aurais dû pleurer, je voyageais gaîment...
Et ne prévoyais pas, dans ce fol enjouement,
Que c'était là, là... que la Providence
Me réservait mon châtiment.

DEUXIÈME PARTIE.

Assez laide, mais gracieuse,
Une actrice brillait avec beaucoup d'éclat.
Elle plaisait comme chanteuse;
La danse aussi fut son premier état,
Habile à son clavier, sur la harpe vibrante,
Beaucoup d'aplomb, vive, agaçante,
Elle éblouit mes sens surpris!...
Heureux de ses faveurs, de ses charmes épris,...
Ma passion fut délirante [10]!...
Résistant aux conseils, méprisant les avis [11],
De mes rivaux jaloux croyant rompre la trame,
Je résolus *de la prendre pour femme;*
Le jour fatal échut!... je signai;... JE FUS PRIS [12].

. . . .

Jamais plus triste jour ne signala ma vie...
Un pouvoir *invincible* agissait sur mon cœur;...
Tout me disait : *Tu fais une horrible folie;*
J'entrevoyais déjà l'excès de mon malheur.
Tous les maux de la vie ont suivi l'hyménée

Dont ils étaient les témoins rigoureux ;
Ces tristes compagnons d'un époux malheureux
Juraient auprès de lui leur constante durée :
  La fidélité du serment
  Ne fut jamais mieux respectée.

Je n'avais épousé, dans mon aveuglement,
  Qu'une âme aride, une tête exaltée,
  Une FEMME HOMME, aimant l'autorité,
   N'écoutant que sa volonté,
Extrême en son orgueil, extrême en sa colère,
  Sans ordre aucun, emportée... et légère ;...
Enfin, pour achever un si triste portrait,
  Offrant sans cesse à mon âme étonnée
   De mon épouse abandonnée
   Le contraste le plus parfait [13].

Après avoir enduré des souffrances...
  Dont j'épargne ici le détail [14],

Perdant mes belles espérances,

N'ayant plus d'ardeur au travail,

Voyant notre perte assurée

A moins d'*un entier changement,*

Je lui dis sans emportement :

« Il faut partir pour une autre contrée,

  « Il faut vivre séparément ;

  « Tu vois quelle est notre infortune [13]...

« Il le faut confesser, c'est le fruit de nos torts ;

  « Épargnons-nous une plainte importune,

  « Sachons plutôt réunir nos efforts

    « Pour conquérir une fortune :

  « Il faut céder à la nécessité ;...

« De nous rejoindre un jour conservons l'espérance ;

  « Du bon accord naît la prospérité :

    « Je veux par ma persévérance

    « Assurer notre indépendance...

    « Imite-moi de ton côté [14]. »

La dame y souscrivit sans trop de résistance ;

Elle y voyait sa liberté,
Et savait le moyen d'en tirer avantage...
Et moi, pour un moment à l'abri de l'orage,
Je repris mes travaux et ma sécurité.

Je grandis dans mon art; bientôt ma renommée
De ville en ville s'étendit,
Partout pour moi *gloire et profit* :
De tant de succès informée,
Elle accourut, tout affamée,
Pour m'en disputer le produit.

De ce trait si hardi, plus avide que tendre,
Aucune loi ne pouvait me défendre;
Cette témérité dévoilait l'avenir,
En me faisant trop pressentir
Ce que d'elle on pouvait attendre [17] :
Je me tus cependant;... mais ne pus, sans frémir,
Entrevoir des chagrins qui ne sauraient finir.

Je traînais à ma suite une charge pesante :
A ma famille envoyant des secours,
J'avais de plus un fils faisant ses cours ;
Mais la plus lourde et la plus accablante
Venait durement s'imposer ;...
Je souscrivis donc *une rente*
Dont elle fut assez contente
Pour me laisser quelque temps reposer ;
Mais ce calme trompeur devait bientôt cesser.
Se remontrant toujours plus exigeante,
Me harcelant à tout propos,
Toujours LE CODE EN MAIN et toujours menaçante,
Il fallut à prix d'or acheter le repos [18].
Hélas ! le sort impitoyable,
Pour m'accabler redoublant son effort,
Me préparait un coup plus effroyable,...
Pour moi !... cent et cent fois plus cruel que la mort !

Encor dans son adolescence,
Objet de mon amour et de mon espérance,

Image de sa mère,... un fils... plein de candeur,
  Dont le savoir égalait la douceur ¹⁹,...
  D'un mal affreux atteint dans sa croissance,
Des vains secours de l'art attestait l'impuissance...
Se penchant sur mon sein,... mes yeux l'ont vu finir...
  Je vis pourtant!... et je l'ai vu mourir!!...

  Ah!... combien de mon existence
  Je ressentis le vide affreux!...
  Recherchant l'ombre et le silence,
Je n'aimais... que mes pleurs,... mes soupirs douloureux;
  Mon cœur brisé ne pouvait rien comprendre,
Je regardais sans voir, j'écoutais sans entendre,
  Rêvant toujours mon fils inanimé.
  Dans son tombeau j'aurais voulu descendre;...
  L'AVENIR ME SEMBLAIT FERMÉ.

C'est alors que j'appris qu'après une faillite
    Mes débiteurs en fuite
    M'enlevaient tout mon bien ²⁰;

Et je l'appris... sans en éprouver rien.
 De cet abattement extrême
Qui pouvait me tirer et me rendre à moi-même?
Un vieux père à soigner, un frère à secourir[11],
Des neveux qu'en bas âge il fallait soutenir;...
 Le sentiment du devoir dans mon âme
  Seul, ralluma la flamme
Que l'excès du malheur allait anéantir.

Me voilà donc de nouveau sur la scène,
Desservant renommé de notre Melpomène!...
Quand partout le succès couronnait mes travaux[12],
Rien au fond de mon cœur n'adoucissait mes maux.

 Ah! si jadis, plein d'allégresse,
De mes travaux je recueillais les fruits,
Que m'importait alors une vaine richesse!...
  J'avais perdu mon fils.

De ce bel art, qu'aujourd'hui je déteste,

Heureux et fier d'être l'un des premiers,
J'abandonnais le reste
Et ne gardais que mes lauriers.

Quand, appelé TROP TARD dans notre capitale [22],
Ce bonheur fut troublé par mes pressentiments,
C'est qu'y devant rejoindre une épouse fatale,
J'y prévoyais d'innombrables tourments.

En descendant de ma voiture,
Que rencontrai-je en mon foyer ?
La dissipation, le mensonge, l'injure,
Rien en réserve et beaucoup à payer.

Après deux ans d'incroyables dépenses,
De fatigue accablé,
Et de dettes criblé,
Pour échapper à ses souffrances,
On vit le pauvre acteur
Chercher un gîte en ville,

Et de son domicile
S'esquiver comme un malfaiteur [21].

Des dettes à payer supportant seul la charge,
Sans toucher à son mobilier
Et sans qu'elle eût à travailler,
Je lui payai *pension lourde et large*,
Tandis qu'allant et de l'âme et du corps,
Le pauvre homme, accablé, pliait sous tant d'efforts,
On voyait cette âme damnée,
(Dans son ingrat courroux)
S'emparant contre son époux
Du rôle intéressant de FEMME ABANDONNÉE,
Le décrier de tous côtés [25].

En de telles extrémités
Je poursuivais ma route avec persévérance ;
Mais je sentis s'épuiser ma constance
Quand, me traînant devant les tribunaux,
Ce scandale public vint accroître mes maux [26].

Tandis que, prodiguant le mensonge et l'outrage,
   Elle voulait, dans son aveugle rage,
     De ses *propres torts* me punir;
     Suivant le précepte du sage,
    JE TRAVAILLAIS POUR LA NOURRIR.

Je poursuivis ainsi ma pénible carrière,
     Par le destin humilié,
Du fruit de mes travaux sans cesse dépouillé,
Toujours faisant le bien et toujours décrié;...
PENDANT PLUS DE VINGT ANS TELLE FUT MA MISÈRE.

   Sous un voile mystérieux,
   S'occupant de ma destinée,
De mon enfant la mère infortunée
   (Au cœur tendre et religieux),
   Pour qui l'avait abandonnée
    Priait toujours les cieux.

Depuis longtemps en proie à la souffrance,

DEUXIÈME PARTIE.

Je voyais de mon mal les progrès empirer;
Sur un lit de douleur, perdant toute espérance,
    Je me sentais près d'expirer.

J'entendis des sanglots!... Une femme éplorée
Auprès de mon chevet priait avec ardeur...
Quand cet objet s'offrit à ma vue égarée,
Quels sentiments confus agitèrent mon cœur!!...

    Ah! c'était elle!... elle!... aimante, outragée,...
Elle!... dont la vertu m'accusait devant Dieu,
    Elle!... si bien vengée,...
Qui venait au pardon joindre un dernier adieu.

    « O mon ami!... je crains que ma présence,
    « En réveillant un fatal souvenir,
    « Ne vienne encore augmenter ta souffrance;...
        « Je viens te voir... et te bénir :
    « Malgré le sort, pour toi toujours la même,
    « Pour ton bonheur j'ai prié tous les jours;...

« Le destin t'a trahi;... d'une épouse qui t'aime,
« Sans en rougir, accepte le secours :
« Crois-moi!... malgré la fortune jalouse,
« Devant Dieu je suis ton épouse ;
« Cet auguste serment, devant lui prononcé,
« Par de profanes mains ne peut être effacé. »

A cet accent, à cette voix émue,
Ne pouvant plus contenir mes douleurs,
De repentir et de honte éperdue,
Mon âme répondit par un torrent de pleurs.

Vertu du ciel!... quelle est donc ta puissance
Et ta sublime autorité?...
Soulagé dans ma conscience,
Par ma reconnaissance
Hors de moi transporté,
Je me sentais digne de sa clémence
Et comprenais sa sainteté !!...

O digne femme !... ô sainte amie !...
Modèle de vertus !... ange consolateur !
   Qui, s'effrayant de ma douleur,
Vint ramener d'une longue agonie
   Celui qui déchira son cœur,
Et qui voulut, me rendant à la vie,
Me rendre aussi la paix et le bonheur !...

De l'Éternel contemple la présence,
Et que ton âme habite au nombre des élus ;
   Car à Dieu seul appartient la puissance
     De récompenser tes vertus !

   Ma pénible convalescence
   Suivait bien lentement son cours ;
   M'encourageant par sa présence,
Je la voyais accourir tous les jours...
   Grâce à ses soins, à sa prudence,
Je vis enfin renaître ma santé.

C'est ainsi que la Providence,
En son incessante bonté,
Rétablit entre nous, contre toute apparence,
La plus touchante intimité.

Mais ce bonheur si doux, ces heures fortunées,
Qui nous consolaient de nos maux,
Cachaient à mes regards les funèbres flambeaux
Qui devaient s'allumer au bout de *six années*.

Je la voyais chaque jour dépérir ;
Mais je n'entendais nulle plainte :
Sans faiblesse et sans crainte
Elle sentait sa fin venir...
Ayant vécu comme une sainte,
Comme une sainte elle devait finir.

Me faisant appeler à son heure dernière,
Elle sourit en voyant ma douleur,
Et dit d'un ton plein de douceur :

DEUXIÈME PARTIE.

« Écoute, ami, mon instante prière.

. . . .

« Une femme porte ton nom,
« Accorde à sa faiblesse un généreux pardon,
« Ramène à la vertu cette femme égarée,
   « Liez-vous par le SACREMENT ;
« Peut-être que, par lui se sentant honorée,
   « On la verra fidèle à son serment...
   « S'il arrivait qu'il en fût autrement,
   « Prends ton parti, mais prends-le sans faiblesse,
« Sans en être affligé, sans en être surpris ;...
« Tu garderas l'honneur de l'avoir entrepris :
   « Devant Dieu fais-m'en la promesse. »

Je promis en pleurant. « Mon ami, sois chrétien ;
 « Respecte mon courage... et conserve le tien...
   « Oui !... je sens là... ma souffrance est finie... »
Puis un regard,.. puis... un léger soupir !...
   Elle expira sans agonie,

Comme un enfant qui vient de s'endormir.

Ainsi donc s'exhala cette âme vertueuse,
Cette âme, la meilleure et la plus malheureuse.

Qui pourra croire à de tels faits?
De tout son bien dépositaire,
Elle me fit son légataire,
L'heureux dispensateur de ses nombreux bienfaits.

« Maintenant, chante sa louange,
« Sur son tombeau verse des pleurs ;
« Elle t'aimait, cette femme-ange,...
« Ingrat, qui causas ses douleurs !...

« Par toi si longtemps malheureuse,
« Quand ton lâche cœur l'outragea,
« Aussi forte que généreuse,
« De tout sa vertu la vengea.

« Maintenant, chante sa louange,
« Ingrat, qui causas ses douleurs !
« Elle t'aimait, cette femme-ange ;...
« Sur son tombeau verse des pleurs !... »

Espoir des malheureux ! ô mort !... nuit secourable !
   Repos sans fin !... profonde obscurité !
A mes pleurs, à mes cris, montre-toi favorable,
D'un coup tranche ma vie et mon adversité.

MA CONFESSION

TROISIÈME PARTIE

LE DÉVOUEMENT ET SA RÉCOMPENSE.

Hélas !... pourquoi me reste-t-il à peindre
 Deux tableaux aussi différents !...
 Si le premier me rend à plaindre
 Aux yeux des plus indifférents,
Si l'on y voit l'effrayante figure
 D'un esprit toujours emporté,
 D'un cœur égoïste et parjure

L'ingratitude et la méchanceté;...
Arrive, après, l'image consolante
De la vertu dans sa simplicité,
   Des soins remplis d'humanité,
   Une amitié tendre et constante
   Soutenant l'âme languissante
     D'un vieillard attristé.

Mais comment accomplir la promesse sacrée
   Où mon honneur se trouvait engagé?
     Moi!... sous le poids du préjugé
     Qui domine en cette contrée...
Me fallait-il rompre avec mon état,
    Quand je touchais au résultat,
   Au temps heureux de mon indépendance[27]?
    Oui!... malgré sa longue souffrance,
Ses prétendus progrès,... on voit encor la France
D'un préjugé VIEILLI subir l'autorité;
Chez notre nation, spirituelle et polie,
   La vérité marche avec la folie,

Et le sublime avec l'absurdité :
   Quiconque appartient au théâtre
   Est traité comme un idolâtre ;
Quand d'un homme de bien il aurait le crédit,
   Porte fermée ! *il est maudit*²⁵.
Pour me la faire ouvrir, il me fallait attendre
   Mon entier affranchissement ;...
Je me résolus donc à ne rien entreprendre
   Avant ce fortuné moment.

Elle arriva, l'époque à jamais déplorable
Où, croyant rencontrer la paix et le bonheur
En remplissant le vœu d'une femme honorable,
   Je n'ai trouvé qu'un surcroît de malheur.

   La dame de moi séparée
      Depuis plus de VINGT ANS,
   A la campagne retirée,
   Oubliant ses antécédents,
   Vivait (du moins en apparence)

Avec assez d'honnêteté :
Cela me donna l'espérance
D'y trouver la tranquillité.

A cette même époque, et contre mon attente,
(Ce qui confirma mon espoir)
Je reçus d'elle une lettre pressante
Qui m'exprimait d'une façon touchante
Le désir de me voir.

Je profitai de l'ouverture,
Et me rendant à son désir,
Je revis cette femme impure
Sans haine comme sans plaisir.

Le devoir seul me conduisait près d'elle ;
Mais je voulais, avec sincérité,
Lui rendre la vie aussi belle
Que si par ses vertus elle l'eût mérité.

Rien ne fut ménagé pour remplir ma promesse ;
  Je lui livrai ma personne et mon bien ;
J'épuisai, pour lui plaire, un reste de richesse ;...
De tout ce sacrifice elle ne sentit rien [29].

Jusqu'au pied de l'AUTEL, où, par moi confirmée,
  La voix du ciel bénit notre union,
    On la vit froide, inanimée,
    Et morte à toute émotion.

En vain je lui parlais, en vain par ma prière
    Je m'efforçais de l'attendrir [30] ;
  Elle resta froide comme la pierre,
    Inaccessible au repentir.

  Le soir même, au sortir de table,
  Elle fit voir à nos témoins,
  Par une scène déplorable,
  L'inutilité de mes soins [31].

Plus que jamais sans raison irritée,
   Et menaçante à tout propos,
A tout moment de colère emportée,
   Que lui faisait ma santé,... mon repos !...
Le danger de ma mort ne l'eût point arrêtée [32].
   On l'entendait, d'un ton plein de hauteur,
      De l'injure la plus vulgaire
      Épuiser le vocabulaire
   Sur son malheureux bienfaiteur.

Malgré le peu d'espoir qui restait en mon âme,
Craignant, plus que la mort, un éclat indécent,
Cachant à tous les yeux cette conduite infâme,
J'essayai d'un moyen, hélas !... bien impuissant.

   Je l'établis au sein de ma famille [33],
Au milieu de nos soins, de nos efforts constants ;...
   Mais ce n'est pas où tant de vertu brille
      Qu'elle pouvait rester longtemps.

Bientôt éclata la tempête[34]!...
En pouvait-il être autrement?
   Une existence honnête
Ne fut jamais son élément.

Je ne voulais plus de ruptures!...
Tous mes efforts, loin de la ramener,
   M'attirèrent beaucoup d'injures,...
Que j'entendis!... sans m'étonner.

De son CODE toujours saisie,
Ne reculant devant aucun excès,
   Elle poussa la frénésie
Jusqu'à me menacer d'un DEUXIÈME PROCÈS[35].

Je préférai la satisfaire
En lui laissant le plus clair de mon bien.
   Voici la fin de cette affaire :
Elle est heureuse, et moi je n'ai plus rien[36].

Ainsi, frappé dans ma vieillesse,
Déçu dans mon dernier espoir,
Sans cesse tourmenté,... l'excès de ma tristesse
Me conduisit au désespoir.

Rejetant loin de moi la raison qui nous guide,
De la religion le principe avéré,
Je me résolus AU SUICIDE;...
Pour ce crime déjà tout était préparé [37].

C'en était fait!... mais, arrêtant ma vue
Sur ceux qui m'entouraient,...
Un trait subit frappa mon âme émue;...
Ah!... ne restait-il pas deux êtres qui m'aimaient!!...

THÉRÈSE!... ma nièce chérie!...
Et toi, CHARLES!... mon bien-aimé!...
Oui!... vos vertus m'ont désarmé;...
Ah! c'est vous seuls,... c'est vous à qui je dois la vie!

Constants dans vos égards, pour moi pleins de douceur,
Sans vous faire valoir, simples comme nature,
    Vous répandez sur ma blessure
    Votre baume consolateur.

D'un chagrin bien cruel je ne puis me défendre;
Il rendra près de vous mon bonheur imparfait
Jamais,... oh! non, jamais je ne pourrai vous rendre
    Tout le bien que vous m'aurez fait.

Puisse de mes malheurs l'exemple déplorable
    Dévoiler à tous le danger
D'un cœur gâté sous une écorce aimable,
      Tout au plus tolérable
      Pour un goût passager;...
Mais pour l'hymen, saint et durable,
C'est la VERTU surtout qu'il faut savoir juger.
Sachez à mes dépens qu'on ne doit s'engager
    Qu'avec un objet HONORABLE.

Moi!... que l'on vit, follement entraîné,
Quitter l'ange des cieux pour celui des ténèbres,
A qui l'on vit subir, honteux et condamné,
Un hymen éclairé par des torches funèbres,
   Ainsi tombé dans cet horrible écueil,
   Lorsque j'arrive au bout de ma carrière,
     Lorsque mon pied touche au cercueil,
   Jetant encore un regard en arrière,
     Je puis dire avec vérité :
« *Si je fus malheureux, je l'ai bien mérité!* »

O toi!... qui dans les cieux reçois ta récompense,
    Contemple avec compassion
    Combien de ta cruelle offense
    Je subis l'expiation !...
Si j'ai perdu le bien que tu me voulais faire,
    Ce fut là mon moindre malheur :
    Que sont les biens de cette terre
    A côté des peines du cœur?...
On ne ramène point une femme perdue :

En remplissant tes vœux mon espoir fut trompé.
Sur le frère et la sœur ton âme est descendue ;
Éloigne d'eux les maux dont le sort m'a frappé,
  Protége-les, sois leur bon ange ;...
  Ils sont dignes de ce bienfait ;
Et si Dieu leur accorde un bonheur sans mélange,
Après tant de malheurs je mourrai satisfait.

Terme heureux de nos maux, ô mort !... nuit secourable !
  Repos sans fin !... profonde obscurité !...
A leur pieux amour montre-toi favorable,
Laisse-moi vivre encor pour leur félicité.

 Du château de Luc-sur-Mer, en Calvados, novembre 1845.

NOTES.

Note 1, page 9.

D'un coup tranche ma vie et mon adversité.

Dans un état social encore si éloigné de ce qu'il devrait être, ce que j'admire le plus chez un vieillard, c'est la patience qu'il a eue de supporter si longtemps la vie. Il y a parmi nous de certaines conditions dont on pourrait être fier et qu'on ose à peine avouer... Je puis citer la mienne pour exemple. Cela fait-il l'éloge ou la critique de nos mœurs?...

Note 2, page 10.

Et passai mon printemps au milieu des combats.

Né à Dijon le 2 juillet 1775, je partis, comme volontaire, dans le 1er bataillon de Paris, où j'avais déjà l'un de mes frères ; je rejoignis *au camp de Maulde*, n'ayant point encore *dix-sept ans accomplis*.

Note 3, page 10.

Mais ma main mutilée
M'affranchit pour jamais de ces sanglants débats.

En 1793, je passai dans le 7ᵉ régiment de hussards; je fis partie des escadrons qu'on envoya de l'armée *du Nord* à celle *de l'Ouest*, et qui revinrent ensuite à l'armée *de la Moselle*. Ce fut là que, dans une attaque nocturne, je reçus dans la main un coup de feu qui me mit hors de combat.

Le frère que j'avais laissé dans l'infanterie fut tué en Italie, et *notre aîné*, à cette époque *hussard de Berchiny*, ayant, plus tard, passé dans LA GARDE, périt, comme tant d'autres, sur les bords *de la Néva*. C'est avec ses enfants que j'habite aujourd'hui.

Note 4, page 10.

Mais il fallait. . . . .
En consultant mon goût, décider mon état.

Ayant des dispositions pour la peinture, et bien qu'assez avancé déjà, je me sauvai des ateliers de *M. Vincent* pour courir à l'armée. Je voulus, à mon retour, reprendre mes premiers travaux, et c'est *comme devant être peintre* que j'épousai une jeune veuve, *madame N****. Mais lorsqu'un fol enthousiasme m'entraîna AU THÉATRE, tout se brouilla avec ma famille et surtout avec la sienne ; il fallut même quitter le nom de mes pères. C'est alors que je pris l'un de mes prénoms *latinisé*. Si je recommençais ma vie, je n'aurais là-dessus aucune discussion avec personne.

Note 5, page 11.

Il vit, après une si longue crise,
   Le fanatisme et la sottise...
Reprendre leur audace et leur autorité.

En 1828 ou 29, un maître d'école et *serpent de village*, devenu magistrat on ne sait comment, dans un réquisitoire (qu'on eut grand soin de publier alors), rejetait les comédiens, non-seulement hors de l'Église, mais encore hors des rangs de la société, les déclarant inhabiles à exercer leurs droits civiques ; il les mettait au niveau des *forçats libérés*. Les MISSIONNAIRES, dont la France était inondée, secondaient à merveille d'aussi *louables* intentions.

Au commencement de la Restauration (en mars 1816), je me suis rencontré avec ces messieurs dans l'une de nos villes *du second ordre*, où j'achevais le cours de mes représentations ; j'eus la douceur de m'y entendre *damner* en pleine chaire : j'y étais appelé *corrupteur public*, *missionnaire de Satan*, et l'on invitait charitablement les habitants, *si je me remontrais sur la scène*, à m'en chasser A COUPS DE PIERRES. Je n'en suis pas moins resté chrétien, mais je ne le suis pas A LEUR MANIÈRE.

Note 6, page 12.

Je pleurai de cet art le vide et la misère.

Je me suis, en tout temps, fait une loi rigoureuse d'éloigner de la scène tous les jeunes gens qui venaient me demander des conseils, et je crois avoir été assez heureux pour en sauver quelques-uns. Mes amis (car je n'écris que pour eux) comprendront très-bien pourquoi je me suis toujours refusé à faire des élèves et à écrire sur un art qui n'a pour résultat que de *déshonorer* celui qui l'exerce, en le rendant l'objet d'UNE INJURIEUSE EXCLUSION.

Note 7, page 12.

. . . . . . En le maintenant à l'écart
Des honneurs, dont jamais il n'obtiendra sa part.

« *J'ai eu envie de donner la croix à Talma,* — disait un jour Napoléon [1], — *mais je n'ai pas osé.* » J'épargne ici la réflexion que tout lecteur peut faire aussi bien que moi; j'ajouterai seulement qu'après cette succession d'événements politiques, qui ont agrandi les idées de chacun, notre belle littérature dramatique

[1] Voyez le *Mémorial de Sainte-Hélène.*

n'obtiendra de dignes interprètes qu'autant que celui qui se distingue sur la scène sera traité comme celui qui se distingue sur *la flûte* ou sur *le violon*.

Voulez-vous de grands artistes?... ne les rapetissez pas.

Note 8, page 16.

Le confesseur fut consulté :
C'était un prêtre réfractaire,
Le boute-feu des mécontents...

L'abbé C******, homme du midi, prêtre enthousiaste et *inspiré*, était la coqueluche de l'aristocratie du faubourg Saint-Honoré ; *il officiait en chambre*, et faisait des petits sermons *bien violents* contre les partisans du nouvel ordre de choses : les dames en raffolaient. Il se vantait auprès de ses dévotes d'avoir passé *trois ans dans la Vendée, et d'y avoir tué plus de* bleus *qu'il n'y avait dit de messes*.

C'est la place d'une anecdote :

Après l'inutile tentative des Vendéens contre *Granville*, où nous fûmes assiégés pendant plusieurs jours, ceux dont on put s'emparer pendant leur défaite furent ramenés en ville *pour y être fusillés en masse ;* car, dans cette guerre d'extermination, on ne faisait point de prisonniers. Le lieu choisi pour cette horrible boucherie était le Roc. Le jour de l'exécution, au milieu du tumulte,

deux d'entre eux purent s'échapper : c'était un vieillard et son fils, ci-devant *garde-du-corps* ; ils se jetèrent dans la première maison qui se trouva ouverte sur leur passage... et c'était justement celle où *mon camarade* et moi avions notre logement. De service l'un et l'autre, nous étions absents ; notre vieille hôtesse se hâta de les enfermer dans notre *propre chambre*, et si heureusement, que personne, dans la maison, ne put s'apercevoir de rien. A notre retour :
« Mes enfants (dit-elle), je viens de vous ménager l'occasion de
« faire une bonne action : deux malheureux viennent d'échapper
« au carnage ; ils attendent de vous leur liberté, et je vous connais
« si bien que je les ai mis dans votre chambre.

« — Bravo !... la mère (me suis-je écrié) ; qu'ils jurent de ne plus
« tirer sur nous, et nous leur servirons d'escorte.

« — C'est bien (dit mon camarade) ! ça nous consolera un peu de
« ce que nous venons de voir... Je tue sans pitié dans une bataille ;
« mais après... *c'est vilain !* »

On les avait dépouillés de tout en les menant au supplice ; *la mère* les fit boire et manger pendant que nous courions la ville pour leur chercher des habits, et, la même nuit, entre une heure et deux du matin, ils étaient reconduits *par nous* à une demi-lieue *de Granville*, sur la route d'*Avranches*, où se trouvaient encore les débris de leur armée.

Il était temps. Le lendemain, ils furent mis *à l'ordre ;* des recherches multipliées eurent lieu dans la ville, et notre maison SI-GNALÉE fut *fouillée de fond en comble*.

Malgré mon parti bien arrêté de m'abstenir des *noms propres*,

NOTES.

je ne puis me refuser au plaisir de nommer en toutes lettres :
Madame veuve Augrain, de Granville.

M. *l'abbé* C****** n'en aurait peut-être pas fait autant pour l'un des nôtres ; mais ma belle-tante le regardait comme *un saint*, et moi comme *un impie*.

C'est la justice de l'esprit de parti.

Note 9, page 18.

Je cédai par faiblesse, et Dieu m'en a puni.

J'avais épousé *madame* N****** au commencement de l'année 1797, et quoique la proposition du divorce eût eu lieu dès l'année suivante, il ne reçut pourtant son criminel accomplissement qu'à la fin de 1799. Que n'ai-je résisté plus longtemps ! ! !...

Le triste objet de mes éternelles douleurs, *mon pauvre fils*, n'avait alors que *deux ans et quelques mois*.

Note 10, page 19.

Ma passion fut délirante.

Qu'on en juge : Assez longtemps avant notre mariage, un jour qu'elle feignait de vouloir rompre avec moi, je me jetai sur la première chose qui me tomba sous la main; c'était une paire de ciseaux, et je m'en frappai si violemment la poitrine que les deux lames, *n'en faisant qu'une*, se brisèrent sur l'une de mes côtes.

Sans cette cuirasse naturelle, c'en était peut-être fait de moi. Pourquoi n'avouerais-je pas cette turpitude ?

Il faut tout dire dans une confession.

Note 11, page 19.

Résistant aux conseils, méprisant les avis.

Dans la ville, il n'était bruit que de notre mariage ; sur la scène, on m'en faisait *des applications ;* de tous côtés je recevais des lettres pour m'en détourner ; dans la rue, j'étais accosté par des gens que je ne connaissais pas, et qui me disaient *crûment :* « QU'IL « VAUDRAIT MIEUX ME JETER A LA MER... » Au fond de cette franchise un peu rude, que de bonté pour moi !!!... Je puis dire avoir formé cette union contre le vœu d'UNE VILLE ENTIÈRE... C'était bien mal répondre à tant d'intérêt !!!... Mais on n'échappe point à sa destinée.

Note 12, page 19.

Le jour fatal échut,... je signai,... je fus pris.

Ce fut donc A BREST, au commencement *de l'an* 1802, un peu plus de deux années après mon divorce, que je signai l'engagement de renoncer *pour la vie* A LA FORTUNE, A LA PAIX, AU BONHEUR ; je pourrais presque dire, et *à la considération,* tant ont été multipliés les efforts qui pouvaient me la ravir.

Par une fatalité, qui semblerait *providentielle*, le voile tomba le jour même de mon mariage ; lorsque l'inexorable OUI sortit de ma bouche, *une lame glacée* me traversa le cœur!!!...

Ah! que serait arrivé à propos le coup de tonnerre qui m'aurait écrasé!...

Note 13, page 20.

Le contraste le plus parfait.

Ce portrait n'est qu'un *profil ;* encore quelques années, et l'on verra de face cette figure dont la pareille ne se reproduira peut-être jamais. Pour en donner une idée, voici l'extrait d'une lettre écrite à un ami, éloigné de Paris, qui, ne la connaissant pas, me demandait quelques détails sur son caractère : c'est un petit tableau d'intérieur, tracé d'après nature :

Paris, ce .... septembre 1811.
(Quelques semaines après la dernière catastrophe.)

« . . . . La méchanceté de cette femme avait quelque chose
« de si heurté, de si imprévu, qu'il m'arrivait souvent de me trou-
« ver attaqué par un mot dur, non-seulement dans le moment où
« je m'y attendais le moins, mais sans prétexte et sans cause.

« Lorsque la scène s'animait, elle tournait autour de moi en me
« regardant avec fureur ; elle s'approchait avec un tremblement

« nerveux et me portait le poing sous le nez. Ce geste était tou-
« jours accompagné d'une injure grossière. Cependant, elle n'est
« point folle, comme plusieurs personnes semblent le croire, et
« comme je l'ai cru moi-même dans un temps... Oh! non, elle
« n'est point folle; c'est un esprit de travers, un cœur sec, une
« âme aride et gonflée d'amour-propre; c'est une femme qui ne
« veut point être femme; elle veut être L'HOMME; elle en affecte le
« ton et la manière (d'un homme mal élevé, s'entend, car il n'est
« point en elle de le produire autrement). Cette domination,
« qu'elle ne peut exercer, la maintient dans une position con-
« trainte et gênée; cette sujétion (qui n'existe pourtant que dans
« son imagination) la met hors d'elle-même, et la rend capable de
« toutes les extravagances imaginables... Enfin, cela fut poussé si
« loin, que je me trouve porté à croire qu'il y avait *un but* dans
« ses fréquentes provocations (but horrible, il est vrai, mais dont
« je la connais capable); elle ne voulait pas porter le premier
« coup, mais le recevoir; elle aurait voulu *être frappée*, pour se
« poser *en victime* et crier à l'assassin!... Ce n'était point assez
« pour elle d'avoir empoisonné ma vie entière... elle aurait encore
« voulu me faire passer pour *un monstre* et me déshonorer aux
« yeux des hommes.

« Il y a plus encore; elle me supposait *riche*, et voulait peut-
« être me pousser *à quelque action brutale* qui pût l'autoriser à
« m'attaquer *en séparation de corps et de biens*... Ce fut toujours là
« son rêve; elle veut le partage d'une fortune qui n'existe plus et
« dont elle n'a cessé d'être l'obstacle. Le mot *de communauté* lui

« est très-familier, et dans cette communauté, qu'elle convoite si
« ardemment, elle n'a jamais apporté... *que des dettes... encore des*
« *dettes... et toujours des dettes.*

« Elle n'a vu dans le mariage que *les droits* que cela pouvait lui
« donner; aussi *le Code* lui est-il parfaitement connu. En accep-
« tant le titre d'épouse, elle a menti *à la loi,* comme elle a menti *à*
« *Dieu;* car, pour *ses devoirs,* elle a toujours fait parade de s'en
« moquer ouvertement.

« Dans cette sombre horreur, il y a pourtant un côté plaisant ;
« ce sont les éloges qu'elle se prodigue. Jamais on n'a vu *femme*
« porter plus loin l'admiration d'elle-même ; jamais amour-propre
« exalté ne s'est pavané plus effrontément : prétention *à la tour-*
« *nure, à la naissance, au talent, à l'esprit, à la bonté du cœur,*
« *à toutes les qualités morales;* mais c'est surtout à son esprit
« qu'elle accorde la supériorité *pour le genre épistolaire.* Amis,
« connaissances, et même des étrangers, sont accablés de ses let-
« tres. Avec un style de femme de chambre et une orthographe de
« cuisinière, elle se croit une *Sévigné* et menace le public DE SES
« MÉMOIRES. Enfin, on n'a jamais vu personne se vanter avec
« plus de complaisance ; elle compte même *pour vertus* les hideux
« écarts de son caractère : la colère et les emportements, elle ap-
« pelle cela *être en dehors;* la grossièreté et les injures, *c'est fran-*
« *chise;* le désordre et les dépenses folles, *c'est avoir le cœur grand*
« *et l'âme artiste,* etc. Mais, en revanche, elle ne supporte pas
« sans impatience que l'on fasse devant elle l'éloge de son mari.
« Sa réponse la plus modérée est ordinairement celle-ci : *Vous ne le*

« *connaissez pas ; il est aimable devant le monde... mais avec moi...*
« *Si vous saviez !!! Oh! non... non!... vous ne le connaissez*
« *pas !*

« A mon égard, tout était retourné du mauvais côté : si j'aimais
« à payer exactement, *c'était par orgueil* ; si je donnais, *j'étais*
« *prodigue* ; si je parlais économie, j'étais *cancre et avare* ; facile,
« c'était *faiblesse* ; bonté, *bêtise!*... Ma douceur n'était qu'*hypocri-*
« *sie* ; aimer l'ordre et l'arrangement... fi donc!... c'était être
« *méthodique et maniaque* ; mes ménagements pour elle, c'était *de*
« *la dissimulation*. Mais si j'opposais quelque résistance à une vo-
« lonté souvent absurde ou ridicule, oh! alors, j'étais un des-
« pote, un tyran, un méchant, un homme insupportable!... Et
« des scènes!... des scènes!... dont il faudrait avoir été témoin
« pour s'en faire une idée!... »

Note 14, page 20.

Après avoir enduré des souffrances
Dont j'épargne ici le détail.

Quelques jours après mon mariage, je reçus un billet d'invita-
tion pour un grand bal que devait donner le conseil municipal
réuni à l'état-major de la place. Je crus ne pouvoir mieux faire que
d'y mener ma nouvelle épousée. Nous avions joué l'un et l'autre
ce même soir, et nous soupâmes en toute hâte, afin de procéder

aux soins de notre toilette, qui, soit dit en passant, fut des plus élégantes. Arrivés à la première salle, le commissaire, qui reçut *nos noms*, me pria de l'attendre un moment. Il rentra comme un homme embarrassé, et, après quelque hésitation, il me dit : « M. le « maire et M. le général commandant m'ont chargé de vous dire « que ce billet étant pour vous SEUL, madame ne pouvait être « admise. »

Cet affront, qui me blessa jusqu'au fond du cœur, me fit faire de bien tristes réflexions et me détermina à quitter la ville au terme de l'année théâtrale. Ce n'est que le commencement de beaucoup d'autres tribulations. J'en supprimerai les trois quarts, et me bornerai aux principales, afin de ne pas fatiguer mes lecteurs.

Note 15, page 21.

Tu vois quelle est notre infortune.

Elle fut telle que, pour payer des dettes et subvenir aux frais de notre voyage, nous fûmes obligés, en quittant Brest, d'y laisser tous nos effets en gage.

Note 16, pag 21.

Imite-moi de ton côté.

Notre première séparation date de la seconde année de notre

mariage (1803). Nous étions à *Nanci* à peu près comme des ouvriers à qui l'on aurait ôté les outils de leur profession. Privés des effets nécessaires à la nôtre, il nous fallait en acheter (et presque toujours à crédit) au fur et à mesure que le besoin s'en présentait. Nos appointements étaient *minimes*, et, pour comble de malheur, LE DIRECTEUR nous en emporta les deux derniers mois. Ce fut pour nous le coup de grâce.

Madame reçut heureusement un engagement pour Genève et Chambéri; mais il me fallut rester à Nanci pour la sécurité de nos créanciers. Je fus donc là pendant cinq grands mois (de la fin d'avril au 1ᵉʳ octobre) EN NANTISSEMENT, sans emploi, sans argent et sans crédit, enfin, dans la misère la plus profonde.

Tous mes pauvres effets *en gage*, n'ayant qu'une paire de bottes qui prenaient l'eau, une mauvaise redingote râpée, pas de linge, un vieux chapeau *à la Robert-Macaire;* les trois quarts du temps ne sachant où aller dîner, *et m'en passant quelquefois;* je ne pouvais faire un pas dans la rue sans y rencontrer des gens qui me demandaient « *si je n'avais point reçu des fonds de Genève ou de* « *Chambéri!* »

Eh bien! que croyez-vous que je faisais pendant ce temps-là? dans un grenier, avec une malle vide qui me servait de siége, un matelas sur un lit de sangle et une centaine de brochures pour tout mobilier, j'apprenais des rôles, je récitais à haute voix depuis l'aube du jour jusqu'à la nuit close; et quand j'avais bien travaillé, je me couchais sans chandelle et souvent sans souper. Oui, telle fut la cruelle épreuve que je subis pendant cinq mois, *sans me plaindre à personne*. Mais, deux ans plus tard (en 1805 et 6), commençait a MARSEILLE et a LYON une réputation qui, grandissant d'année en année, après d'immenses succès en province, me conduisit à la Comédie-Française, puis à l'honorable retraite dont je jouis aujourd'hui.

Je l'avoue cependant, dans mon grenier de Nanci, ce mot prophétique : « *Il vaudrait mieux vous jeter à la mer*, » est venu souvent éprouver mon courage.

Note 17, page 22.

**En me faisant trop pressentir
Ce que d'elle on pouvait attendre.**

Ce fut *à Bordeaux, en* 1811, qu'eut lieu le premier éclat de ce genre; je la savais *bien casée* et ne m'attendais à rien de pareil. Un beau matin, mon domestique (qui ne l'avait jamais vue) m'annonce... *une dame!...* Il n'avait pas achevé, qu'elle entre en disant d'un ton résolu : « CE N'EST QUE MOI. » Une autre aurait, au moins, annoncé son arrivée; mais c'était une femme A EFFET : elle aime LES COUPS DE THÉATRE... Si j'eusse refusé de la recevoir, son intention était d'aller chercher *le commissaire de police*. « Don-
« nez-moi de l'argent, dit-elle, ma place n'est point payée, et je
« dois, de plus, le port de mes effets. » Puis, se tournant vers mon domestique : « Tu feras mon déjeuner pour mon retour, je
« ne serai pas longtemps. » Et elle sortit en nous laissant tous deux avec une drôle de figure.

J'avais beaucoup d'amis à Bordeaux, qui, tous, appartenaient à la classe la plus distinguée. Deux d'entre eux furent *ministres sous la Restauration*. Le premier (c'était mon plus intime), en décembre 1830, défendit, *devant la cour des pairs*, celui qui lui avait arraché le pouvoir, et mourut, peu de mois après, victime de son zèle pour une cour *aveuglée*, qui paya cher LA FAUTE ÉNORME de l'avoir méconnu ; le second, longtemps prisonnier, faillit payer *de sa tête* son trop courageux dévouement à la famille déchue.

A quelque opinion que l'on appartienne, de pareils hommes sont toujours honorables, et le moins qu'on puisse faire pour eux, est de leur accorder l'estime qu'ils méritent.

Au milieu d'une société d'élite, on peut juger de l'effet que produisit cette étrange algarade. Tous mes amis furent effrayés pour *mon avenir* en me voyant affublé d'une pareille VIRAGO ; et, certes, ce n'était pas sans cause. Tous, sans en excepter un seul, tous me conseillèrent de me dégager, à quelque prix que ce fût... Déjà sous le poids d'un premier divorce, *où tous les torts étaient miens*, je craignais, bien qu'*ayant grandement raison cette fois*, je craignais, dis-je, d'en aborder un second. Mais il ne leur fut pas difficile de vaincre mon scrupule ; ils poussèrent même leur zèle pour moi jusqu'à vouloir bien se charger de cette pénible négociation. La place fut emportée sans résistance : la dame s'y prêta de la meilleure grâce du monde.

Les conditions bien arrêtées, acte en fut dressé, puis signé par les parties et leurs conseils.

Voici donc les principales conditions de ce divorce PAR CONSENTEMENT MUTUEL :

Je remettrais *de suite* à la dame une somme *de douze cents francs;* je lui payerais, de plus, une pension *de cent francs* par mois, jusqu'à la conclusion de l'affaire. Tous les voyages pour *les entrevues de rigueur* seraient à ma charge, ainsi que tous autres frais. Le jour où le divorce serait prononcé, je remettrais à la dame un capital *de vingt-quatre mille francs, une fois payé;* lequel capital serait déposé sous six mois, à partir de ce jour, chez tel notaire qui serait désigné à cet effet. A ce prix, la dame cesserait *de signer et de porter mon nom*, et la liberté me serait rendue.

Je me hâtai de satisfaire à la première obligation, celle de payer *douze cents francs*, et je partis pour *Nantes*, où j'avais promis quelques représentations. A peine arrivé dans cette dernière ville, je reçus de Bordeaux un avis bien funeste... La dame ne voulait plus entendre parler de divorce; un avocat[1], qu'elle avait consulté, lui avait sagement répondu : « Votre position vaut mieux que « *vingt-quatre mille francs*. Quand vous aurez mangé ce capital, « ce qui peut-être ne sera pas long, que ferez-vous?... L'âge « viendra; du théâtre, qui se fermera sur vous, vous descendrez « *dans la rue, chanter la roulade et soupirer la romance;* vous ver-« rez votre mari riche et considéré, tandis que vous, pauvre et « abandonnée, vous mourrez dans la misère. Non, madame, non !

---

[1] M. R..., devenu, quelques années plus tard, une grande célébrité parlementaire.

« que l'appât de quelque argent ne vous fasse point faire cette fo-
« lie... Gardez *vos droits*; ils valent QUATRE FOIS PLUS que la
« somme qu'on vous propose. »

Inappréciable consultation !... S'il y avait du cœur chez cette femme, le nom de M. R**** devrait y rester gravé bien profondément... Mais la reconnaissance est une monnaie qui n'est point à son usage ; elle ne s'en est jamais servie. Enfin, pour la première fois de sa vie, elle écouta favorablement un conseil raisonnable... parce que ce conseil devait être un coup mortel pour moi. Voici le dénoûment de cette comédie : elle mangea *bien vite* les arrhes du marché, et se moqua du mari, à qui elle écrivit *des injures*.

Note 18, page 23.

J'achetais à prix d'or un instant de repos.

L'éclat de Bordeaux se renouvela l'année suivante *à Lyon*. Le métier était bon ; mais cette fois, au moins, on se borna *à l'argent*. Le temps des transactions était passé.

Note 19, page 24.

Un fils plein de candeur,
Dont le savoir égalait la douceur.

Élève du lycée Charlemagne, — *dix-sept ans et cinq mois*, — ses études universitaires achevées depuis près de deux ans, assez fort dans les mathématiques, dessinant avec goût, sachant passablement *l'anglais et l'italien*, et, plus que tout cela, d'une bonté et d'une modestie sans exemple. Qu'aurait-il donc été, s'il eût vécu?... Oh! non, non! on ne meurt pas de douleur! car elle est encore palpitante... depuis TRENTE ET UN ANS, elle vit en moi sans pouvoir m'éteindre.

Note 20, page 24.

**Mes débiteurs en fuite
M'enlevaient tout mon bien.**

Mes économies *de huit années*, placées en province dans des maisons d'épicerie en gros, furent englouties, en 1814, par la baisse subite des denrées coloniales : *je perdis tout.*

Note 21, page 25.

Un vieux père à soigner, un frère à secourir.

Mon père avait été, pendant de longues années, *vérificateur à la régie de l'enregistrement*; j'ajoutais à sa pension de retraite, trop au-dessous des besoins de sa vieillesse; je retirai *du professorat* un frère trop faible de santé, pour le faire entrer dans la même carrière (l'enregistrement). Je le soutins pendant toute la durée de son long surnumérariat, et il mourut de la poitrine le *premier mois* où son nom se trouvait porté sur l'état d'émargement. Je fis encore plus pour une sœur et sa famille, sans obtenir de plus heureux résultats. Et ce sont ceux de mes parents pour qui j'ai fait *le moins*, qui sont aujourd'hui la consolation de ma vieillesse.

Il y a des hommes dont l'existence n'est qu'une longue suite de malheurs : j'appartiens à cette classe.

Note 22, page 25.

Quant partout le succès couronnait mes travaux.

Je me donnais beaucoup de peine aux répétitions ; c'était véritablement là ma plus grande fatigue : mais j'obtenais dans des villes *du second* et même *du troisième ordre, un ensemble* dont on se contenterait peut-être aujourd'hui sur une scène plus élevée. L'art théâtral se perd tous les jours, dit-on ; on sait en signaler la décadence, mais on ne sait pas en rechercher les causes, et l'on s'occupe encore moins des moyens d'y remédier. Y a-t-il une place administrative à donner dans l'un de nos théâtres royaux, le premier venu suffit pour la remplir, et c'est toujours *la faveur* qui l'obtient au préjudice de *la capacité*. Nomme-t-on une commission spéciale pour chercher quelques moyens d'amélioration, cette commission est toujours composée de personnes les plus étrangères à la matière. L'importance et l'utilité du théâtre en France semblent être méconnues. Pour les hommes *haut placés*, c'est un accessoire dont il est *du bon ton* de ne s'occuper qu'avec une espèce d'insouciance. On jette quelque argent, et l'on croit avoir fait assez ; *les subalternes* sont chargés du reste... et Dieu sait comme ils travaillent !...

Oui, l'art périt ! (j'entends le genre élevé), et je pourrais, outre les causes déduites dans les notes 5, 6 et 7 de cette brochure, je pourrais en ajouter beaucoup d'autres. Mais à quoi cela servirait-il ? Quand j'aurai accusé la trop grande multiplicité des théâtres, la confusion des genres, *les primes* et les exigences de quelques auteurs, l'énormité du droit des indigents, *qui n'en sont pas plus riches*, l'abus des *congés* poussé jusqu'au ridicule, les APPOINTEMENTS MONSTRES, plaie nouvelle et peut-être la plus dangereuse de toutes ; quand j'aurai signalé l'insuffisance de notre école de déclamation, dont les élèves se dispersent en province ou dans nos théâtres secondaires, parce qu'ils y trouvent PLUS D'AVANTAGES PÉCUNIAIRES qu'au *Théâtre-Français;* quand j'aurai dit tout cela, qu'en résultera-t-il?... Quelques esprits justes diront : « IL A RAISON ; » les gens en place se moqueront de moi, et les choses resteront ce qu'on les voit.

J'ai souvent entendu CRIER contre *le système administratif* du Théâtre-Français ; mais c'est voir le mal où il n'est pas. Il y a certainement des abus à ce théâtre, et je crois les avoir suffisamment indiqués ; mais TOUS sont-ils de son fait? et ne se trouve-t-il pas, au contraire, *victime* de ceux qui viennent le frapper du dehors ? Oui, si l'on voulait une bonne fois s'en occuper SÉRIEUSEMENT, sans toucher à la base de son institution (ce dont il faudra toujours se garder), oui, ces abus pourraient se réformer. Corrigez donc, perfectionnez ; MAIS NE DÉTRUISEZ PAS : c'est à ce mode D'ASSOCIATION, c'est à ce principe fondamental, qu'à de certaines époques vous avez dû cette brillante réunion d'artistes célèbres. Eh bien ! ce qui a existé ne peut-il se reproduire ? Ce théâtre n'est-il pas l'objet, même aujourd'hui, d'une injuste prévention?... Il renferme pourtant encore dans son sein des talents dignes d'une approbation générale, et s'ils étaient mieux encouragés, on en compterait certainement un plus grand nombre.

La Comédie-Française ne peut perdre qu'en la comparant *à elle-même*, c'est-à-dire à ce qu'elle a été dans des temps plus heureux ; mais sa supériorité sur les autres scènes est encore incontestable.

Si, par malheur, l'on s'avisait jamais de mettre ce théâtre *en direction* (ou spéculation particulière, ce qui est la même chose), adieu la scène française ! adieu notre belle littérature dramatique ! adieu *les Le Kain, les Brisard, les Préville, les Clairon, les Dangeville, les Saint-Val, les Dumesnil, les Bellecour !* adieu *les Molé, les Raucourt, les Contat, les Devienne, les Grandménil, les Fleury !* adieu, et pour toujours, les divines *Mars*, les pathétiques *Monvel*, les profonds et terribles *Talma !* adieu notre théâtre national !

Ainsi cet établissement, qui remonte à *Louis XIII*, cette institution agrandie et consolidée par *Louis XIV*, si puissamment protégée par les rois, ses successeurs, dont *la République elle-même* a senti la nécessité ; cette grande pensée de MOLIÈRE, ce noble théâtre que NAPOLÉON regardait comme l'une des gloires de la France... deviendrait une succursale de *la Porte-Saint-Martin !...* et vos immortels chefs-d'œuvre, ainsi que de saintes reliques, reposeraient en paix dans le sanctuaire de vos bibliothèques !

C'est à nos hommes d'État à juger ce que notre gloire et nos mœurs pourraient y gagner ; il ne m'appartient point de m'élever à de si hautes considérations.

Note 23, page 26.

Quand appelé trop tard dans notre capitale.

Que n'ai-je été appelé *dix ans plus tôt?*... J'ai fini à Paris, n'étant connu QU'A MOITIÉ.

Note 24, page 27.

Et de son domicile
S'esquiver comme un malfaiteur.

Me croyant arrivé à un état stable, je l'avais reprise avec moi pour lui faire partager mon bien-être et tenir une maison honorable. Comment l'expérience du passé ne m'a-t-elle point arrêté? Ne savais-je pas qu'il n'y a rien dans son cœur, si ce n'est de l'orgueil? ne savais-je pas que le bien qu'on lui fait n'est pas même senti, et que tenter de la rendre *meilleure*, c'est vouloir la rendre *pire?*... Ah! j'étais cependant bien payé pour savoir tout cela! Et cette erreur bienveillante a failli me coûter mon état, mon avenir, et peut-être son existence et la mienne!...

Commençant *à quarante-quatre ans* une nouvelle carrière à Paris, ayant à combattre la prévention attachée à toute réputation de province, à soutenir la comparaison terrible avec le plus grand acteur du siècle, entouré de rivalités jalouses, chargé sans cesse d'ouvrages nouveaux dont j'avais souvent à porter tout le fardeau; sans parler des tracasseries inévitables dans un théâtre *naissant*, où chacun *pousse pour se faire place*, et sans compter encore l'énorme fatigue qui résulte de *quatre à cinq représentations tragiques par semaine*, quand ma pauvre tête accablée demandait du repos, quand j'avais le besoin le plus impérieux d'une tranquillité parfaite, savez-vous ce qu'était mon intérieur?... mon intérieur!... c'était l'enfer!... oui, l'enfer!

En moins de deux années, TRENTE-DEUX MILLE FRANCS DE DETTES; tous les jours de nouvelles exigences, tous les jours de nouvelles fureurs; des protêts, de la jalousie, du désordre, des cris, des menaces, d'effroyables emportements!... Où me retrouver au milieu de tout cela?... le moyen possible de tenir sur cette fournaise?... Je séchais... je brûlais... je n'avais plus d'idée... Il fallait fuir ou succomber.

Voilà dans quel état j'ai abandonné mon domicile *le 14 juin 1821*; mais la suite et les scènes qui ont suivi! tant d'arrangements à prendre! tant de tracas à essuyer!... Elle ne demandait rien moins que LA MOITIÉ NETTE DE MON TRAITEMENT, laissant à ma charge *les dépenses du théâtre, les frais de costume* et *les dettes à payer*. On peut à peine y croire, on ne sait ici si c'est le mépris ou l'indignation qui doit prévaloir. Ma situation devenait plus intolérable de jour en jour, et je suis encore à comprendre comment j'ai pu y résister.

Les journaux ni le public n'étaient dans la confidence de mes affreuses douleurs; les journaux me tympanisaient, le public murmurait; et ce qu'il y avait de plus malheureux pour moi, c'est qu'ils avaient également raison. J'étais OUTRÉ, MAUVAIS. Je devais toujours être à côté *du vrai*, puisque LA PENSÉE ÉTAIT ÉTRANGÈRE A

L'ACTION : mon corps seul était sur la scène; mon esprit battait la campagne.

Ah! c'est alors que j'ai senti combien le calme de l'âme était indispensable à l'acteur! Je pouvais être perdu si j'avais eu moins de courage et le public moins d'indulgence; et c'est dans ce temps malheureux que j'ai établi *le Paria*, de notre CASIMIR DELAVIGNE, *le Comte Julien* et *les Machabées*, de M. GUIRAUD, ainsi que l'*Attila*, de M. H. BIS. Ces ouvrages estimables auraient mérité un meilleur interprète. Ah! qu'il avait raison, celui qui me disait à Brest : « IL VAUDRAIT MIEUX VOUS JETER A LA MER! »

Note 25, page 27.

Le décrier de tous côtés.

Elle s'était saisie *de tous mes papiers* pour y chercher les moyens de me nuire; plus tard, *elle en mit à prix la restitution*, et j'ai découvert depuis qu'elle en avait gardé les plus importants.

Elle faisait plus que me décrier; elle mendiait des secours, comme si je la laissais mourir de faim, et je lui payais alors DEUX CENT CINQUANTE FRANCS PAR MOIS, somme énorme pour ma position. Elle courait chez les ministres, elle écrivait *à des comtesses* et à des dames de la cour, me présentant comme un homme *dur et dépravé*, et elle comme une *douce victime ;* elle donnait à ses demandes une couleur *de piété filiale*, en disant que c'était pour *sa mère*, QUAND JE PAYAIS UNE PENSION A SA MÈRE; mais ce dont elle ne s'est jamais doutée, c'est que toutes les lettres qu'elle écrivait contre moi m'étaient fidèlement renvoyées, dans le but, sans doute, de m'attendrir sur le sort de cette pauvre femme!

Note 26, page 27.

Quand, me traînant devant les tribunaux,
Ce scandale public vint accroître mes maux.

Je n'avais jamais cessé de lui payer sa pension, de mois en mois, avec la plus scrupuleuse exactitude. Ce procès ne pouvait donc avoir d'autre but que celui de me tracasser, de me mettre au désespoir. Elle y réussit si bien, qu'une maladie inflammatoire, accompagnée de fièvre, se déclara chez moi, et que je fus même un moment en danger de mort.

C'est alors que s'offrit le plus étonnant contraste : tandis que celle QUE JE NOURRISSAIS DE MES SUEURS me vilipendait en public, l'autre, si indignement *répudiée*, et dont je devais me croire oublié depuis longtemps; cette autre, touchée de l'excès de mon infortune, quoique malade elle-même, se traînait auprès de mon lit, et venait, en pleurant, m'offrir des secours et des consolations... Quelle leçon et quel exemple!

Note 27, page 38.

Quand je touchais au résultat,
Au temps heureux de mon indépendance.

Madame N**** étant morte le 19 janvier 1835, j'avais encore, à la rigueur, quatre ans et trois mois à faire pour avoir droit à la pension de retraite ; mais, comme on me comptait généreusement le temps passé à l'Odéon, je voulais, de mon côté, et par reconnaissance, donner au théâtre quelques années de plus, *sans prétendre les faire entrer en ligne de compte;* mais je n'en pus fournir qu'*une seule* au delà de mon temps, par suite du découragement extrême que me fit éprouver l'auteur des *Vêpres siciliennes* : il abandonna trop tôt son pauvre *Procida;* il me porta un coup mortel en donnant à d'autres acteurs, beaucoup plus jeunes que moi (dans son *Don Juan* et dans sa *Popularité*), des rôles qui allaient si bien à mon âge... « Il est trop bon, me disais-je, pour me « faire volontairement tant de chagrin... S'il me quitte, c'est qu'il « me juge INCAPABLE ! » Une méfiance insurmontable s'empara dès lors de moi, pour ne me plus quitter.

Un autre chagrin venait encore augmenter cette mauvaise opinion que j'avais de moi-même ; c'était, de la part de l'administration, le refus continuel de remettre à la scène quelques anciens ouvrages dont j'avais fait une étude longue et sérieuse, tels que *Venceslas, les Templiers, l'École des Pères, Dupuis et Desronais,* etc. Enfin, l'idée de mon insuffisance m'accompagnait sur la scène, et elle devint si forte, qu'il me fut impossible de lutter plus longtemps, car *ma santé* même semblait vouloir m'abandonner.

Sans ces tristes inconvénients, j'aurais peut-être encore pu fournir *trois ou quatre ans* d'un travail au moins suffisant. Je le regrette ; mais y a-t-il de ma faute?... Quand il n'y a point à la tête d'une administration, telle que celle du Théâtre-Français, un chef *habile et ferme,* l'artiste d'un caractère timide ne trouve d'appui nulle part : quel que soit son zèle, il faut qu'il succombe, J'AI SUCCOMBÉ.

Ce ne fut donc qu'en 1841 que je pus songer à ce rapprochement, devenu si funeste, et préparer CE MARIAGE A L'ÉGLISE, dont une âme pieuse avait espéré un tout autre résultat. Une fois libre, il me fut facile de trouver un *bon prêtre* qui voulût bien s'en charger ; mais il lui fallait UNE DISPENSE, qu'il n'eût jamais obtenue tant que j'aurais été sur la scène.

Note 28, page 39.

Il est maudit!...

Aussi longtemps qu'existera *cette vieille turpitude*, les sots « *qui, depuis Adam, sont en majorité,* » (comme dit un grand poëte), en prendront autorité pour déprécier un art tout aussi estimable et peut-être plus difficile que les autres ; mais qu'y faire? *le bon sens et le fanatisme* peuvent-ils jamais être d'accord?...

Note 29, page 41.

De tout ce sacrifice elle ne sentit rien.

Elle était si loin de comprendre un pareil dévouement, qu'elle me dit un jour, dans l'un de ses mouvements impétueux qui lui étaient si ordinaires : « Oui ! tu n'es venu me retrouver *que* parce « *que* tu ne savais plus *que* faire à Paris. »

Ce sont ses propres paroles.

Note 30, page 41.

Je m'efforçais de l'attendrir!

Ce fut à BOURG-LA-REINE, le 11 du mois d'*août* 1842. L'église était fermée; nous n'avions, avec nos témoins, que très-peu de personnes choisies parmi nos amis les plus intimes.

La messe s'exécuta avec une simplicité majestueuse. Cette cérémonie avait un caractère mélancolique et imposant. Après une vie si agitée, après une si longue séparation, l'âge et les cheveux blancs des époux, cette réconciliation devant l'autel, la sainteté du sacrement, tout portait dans l'âme l'attendrissement et le respect.

J'avais obtenu du curé la permission de prononcer quelques paroles dont je lui avais soumis la substance. Après la bénédiction, je dis (d'une voix fort émue) : « Ma femme, que le pénible souve-« nir du passé ne vienne jamais attrister le peu de jours qui nous « restent à vivre. Devant cet autel, que notre réconciliation soit « sincère; qu'un repentir profond nous rende dignes du pardon « que nous demandons à Dieu, et, pour oser l'espérer, commen-« çons par nous pardonner l'un à l'autre. »

Tous nos assistants étaient émus, tous pleuraient... ELLE RESTA COMME UN MARBRE, et la touchante allocution de notre vénérable curé n'eut pas plus de succès que la mienne.

Note 31, page 41.

> Le soir même, au sortir de table,
> Elle fit voir à nos témoins,
> Par une scène déplorable,
> L'inutilité de mes soins.

Après le repas, terminé d'assez bonne heure, nous avions à reconduire M. F****** (l'un de nos plus célèbres statuaires), dont la campagne se trouvait assez éloignée de la nôtre. Venu le matin, avec sa digne compagne, pour nous servir de témoin, il était assez naturel de les remettre sur leur route. Il nous fallait traverser le jardin avant d'atteindre la petite porte qui ouvrait sur la plaine. Chemin faisant, la conversation roulait sur le mariage, et sur l'accord qui régnait entre la loi civile et la loi religieuse pour donner l'autorité au mari. Cette conversation avait apparemment déplu à la *dame* qui se trouvait, par hasard, la dernière à sortir. Je m'avisai, je ne sais comment, d'une plaisanterie qui ne fut pas de son goût. Faisant mine de tirer la porte sur moi, je dis d'un ton très-emphatique : « Madame, restez dans ce jardin jusqu'à ce que « votre mari vous permette d'en sortir !... » Voilà une femme qui se précipite furieuse sur cette porte, et qui, rejoignant le groupe comme une énergumène, commence à défiler un chapelet de plaintes et d'injures contre le pauvre mari, qui, au comble de l'étonnement et de la douleur, ne trouva pas un mot à répondre ; car tenter de faire comprendre A CETTE TÊTE que ce n'était qu'une plaisanterie, devenait la chose impossible.

Cette honteuse scène se prolongea pendant toute la durée de la promenade, et la plus profonde tristesse termina cette journée.

Que l'on juge maintenant de *l'impression* qu'avait laissée dans cette âme aride l'auguste cérémonie du matin!...

Note 32, page 42.

Le danger de ma mort ne l'eût point arrêtée.

Deux de nos amis, *M. et madame D*****, étaient venus passer quelques jours avec nous à la campagne. Nous nous amusions, le soir, *à jouer à l'impériale à deux sous*. Une petite difficulté s'éleva sur une règle de ce jeu : un violent emportement en fut le résultat.

Le lendemain, la rage de la dame n'était point éteinte ; la querelle s'engagea de nouveau, et un torrent d'invectives me tomba sur le corps.

Un petit couloir séparait nos deux chambres. En rentrant dans la mienne, je fus saisi d'un étourdissement, et tombai sans connaissance. L'instant d'après, les époux D***** vinrent à passer dans ce couloir, et, m'y trouvant étendu sur le carreau, les yeux tournés et le visage couleur de sang, crurent que j'étais en grand danger, ou peut-être mort. Ils poussèrent des cris de détresse ; les domestiques accoururent : toute la maison était en émoi. Cette anxiété se prolongea, car je fus *plus d'un quart d'heure* avant de reprendre mes sens. La dame (qui se dit pourtant *un si bon cœur*) ne quitta point sa chambre, et resta tranquillement auprès du feu.

Note 33, page 42.

Je l'établis au sein de ma famille.

Lorsqu'il s'agit de rentrer à Paris, pour y rejoindre mon neveu, ma nièce et leur mère, madame feignit de se rendre d'assez bonne grâce, mais avec l'arrière-pensée de se ménager *un domicile confortable* à Bourg-la-Reine, pour *nous planter là*, moi et les miens, aussitôt que l'envie lui en pourrait prendre ; ce qui ne tarda point.

J'étais lié d'amitié avec les propriétaires de la belle maison où je m'étais établi à grands frais, croyant y finir mes jours. Ne pouvant avouer *le vrai motif* de mon départ (car je m'étais imposé la loi de ne me plaindre à personne), j'eus recours à un prétexte assez frivole pour rompre avec mes hôtes. Je le regrette ; cette pensée me fatigue encore, car je les aimais ; *mais la religion du serment* et mon aveugle confiance m'avaient fourré dans UN GUÊPIER dont il fallait sortir *à tout prix, en sauvant le scandale*.

Note 34, page 43.

Bientôt éclata la tempête !...

Elle ne resta en famille qu'environ *dix mois*, de la fin d'octobre 1843 à la fin d'août 1844. Ainsi, en y ajoutant le temps que j'ai passé avec elle à la campagne, cela ne fait, en tout, qu'un peu plus de *deux années*. Jamais nous n'avions fait un aussi long bail. Je souffrais ; mais une idée pieuse me soutenait. J'étais résigné à souffrir toujours; mon parti en était pris : cela s'est rompu contre ma volonté... Maintenant, j'en remercie Dieu !

Note 35, page 43.

> Elle poussa la frénésie
> Jusqu'à me menacer d'un deuxième procès.

Elle courut les avoués, les avocats, m'envoya plusieurs citations chez un juge de paix, et osa même se présenter *chez M. le président de 1re instance*. Satisfaite sur un point, elle réclame sur un autre. Me savoir tranquille est un supplice qu'elle ne peut endurer; aussi cette tranquillité n'est jamais de longue durée. *La menace est son arme favorite*; elle sait son CODE sur le bout du doigt, et pourrait même le professer en public.

Pour elle, LE MAL, c'est LA VIE; si elle n'en fait pas, il faut qu'elle EN ÉCRIVE; si elle n'en écrit pas, il faut qu'elle EN DISE.

Ayant appris que j'étais pour quelque temps *au château de Luc*, dans *le Calvados*, elle s'avisa d'y écrire contre moi une de ces longues lettres, tissu indigeste de mensonges et d'absurdités. Le mépris en a fait justice, et le ridicule m'en a vengé. Mais, sans cette coupable folie, je n'aurais jamais eu celle d'écrire cet ouvrage : que MES AMIS [1] me la pardonnent, ce sera la dernière.

---

[1] Si quelques personnes qui me sont étrangères reçoivent cet ouvrage, je les prie de l'accueillir comme le respectueux témoignage d'une estime particulière.

Note 36, page 43.

Et moi je n'ai plus rien.

De quoi vivre bien juste et ne rien laisser après soi, c'est ce que j'appelle ne rien avoir.

JE ME SUIS FAIT UNE LOI DU VŒU D'UNE MOURANTE.

La sainte femme ne prévoyait pas l'abîme où ce vœu m'allait plonger... J'ai rempli mon devoir, et si ma bourse est vide, ma conscience est satisfaite.

Note 37, page 44.

**Je me résolus au suicide,
Pour ce crime déjà tout était préparé.**

J'avais écrit en vers (sous la forme d'une élégie) le billet de faire part que je destinais à mes amis. Une douzaine de copies étaient déjà sous enveloppe; ma liste étant de trente, il m'en restait encore dix-huit à transcrire. Toutes terminées, mon projet était de les jeter moi-même à la boîte la plus voisine, et de rentrer bien vite chez moi pour y faire ma dernière prière. Un stylet italien, dont un ami me fit présent à Bordeaux il y a trente-six ans, était la clef qui devait m'ouvrir les portes de l'éternité.

Un sentiment paternel m'a retenu la main : mon neveu et ma nièce sont mes enfants; ils m'aiment, et quoique ma vie leur soit inutile, je la conserve pour eux. Mais quand un drap mortuaire couvrira mon cercueil, à quoi m'auront servi tant de soucis et d'agitations?... Pour avoir été la plus malheureuse des marionnettes que j'aurai vu danser, c'était bien la peine de naître!

Les personnes qui me portent quelque intérêt seront peut-être curieuses de connaître cette élégie; LA VOICI. L'état de trouble où j'étais en l'écrivant doit m'en faire pardonner les nombreuses négligences.

A MES AMIS.

Après neuf lustres de travaux,
L'âme sans cesse tourmentée,
Croyant ma vieillesse abritée,
J'espérais un terme à mes maux.

Prenant toujours mon cœur pour guide,
Par l'amour du bien dirigé,
Ah!... si j'avais eu l'âme aride,
Aurais-je donc tant obligé...?

Plein d'une confiance extrême...
Me livrant avec abandon,
M'aurait-on vu, renonçant à moi-même,
Prodiguer l'or et le pardon...?

Secourant l'un, m'abandonnant à l'autre,
Soutenir celui-ci contre l'adversité...
De notre Christ fidèle apôtre,
Et comme lui persécuté ?

Trahi par l'un, quand un autre m'outrage,
Celui-ci, vertueux, meurt jeune et regretté;
Celui-là, malheureux, m'entraîne en son naufrage,
L'autre me sacrifie à son improbité.

Mais ce qui rend la croix et plus lourde et plus rude,
Ce qui la fait traîner avec plus de douleur,
C'est d'un cœur sec la froide ingratitude,
C'est de ce monstre la laideur !

Sur quoi fonder mon espérance ?...
D'un serment j'ai rempli la rigoureuse loi ;
Ce vœu d'une mourante a tourné contre moi,
Un malheur sans exemple en fut la récompense.

Sur la fin de mes jours, me prenant en pitié,
   Dans une famille chérie
Le sort m'offrait, enfin, la douceur, l'amitié,
   Mon cœur souffrant renaissait à la vie
Et croyait retrouver un calme bienfaiteur...
Mais le trouble m'y suit, mais la paix s'en exile ;
Quand pour moi, ni pour eux, il n'est plus de bonheur,
A ma tête blanchie il demeure un asile...
   La tombe au moins est fermée au malheur.

   Fuis donc, crainte du blâme !...
   Je cède à mon destin !...
   Affreux poison de l'âme,
   Trop douloureux chagrin,
Usé par toi, plus encor que par l'âge,
Ma force est épuisée ainsi que mon courage ;
   Je ne puis vivre plus longtemps.

   Adieu, verdure, adieu printemps,
   Astre brillant qui nous éclaire,
Je vais chercher, en fuyant ta lumière,
Le seul refuge à l'abri du tourment.

Je tais, à mon dernier moment,
   Un nom fatal..., de mon trépas la cause :
Aux jugements humains quand je n'appartiens plus,
   Quand en Dieu seul mon espoir se repose,
A quoi me serviraient des aveux superflus ?
Au moment solennel, loin de nommer personne,
   Mon cœur s'impose une autre loi :
   A qui me détruit... Je pardonne.
Au terme de mes jours j'arrive sans effroi ;
Trop longtemps du destin j'ai souffert la furie ;
J'ai fait des vœux pour vous en quittant cette vie,
   A votre tour, priez pour moi.

Paris. — Typ. LACRAMPE ET COMP., rue Damiette, 2.

www.ingramcontent.com/pod-product-compliance
Lightning Source LLC
LaVergne TN
LVHW050555090426
835512LV00008B/1174